Conferências escritas por Christian Dior
para a Sorbonne, 1955-1957

© 2011, Martins Editora Livraria Ltda., São Paulo,
para a presente edição.
© Association Présence de Christian Dior, 2010
publicada originalmente em Francês sob o título
*Conférences écrites par Christian Dior pour la Sorbonne,
1955-1957* por Christian Dior.

Publisher	*Evandro Mendonça Martins Fontes*
Coordenação editorial	*Anna Dantes*
Produção editorial	*Alyne Azuma*
Preparação	*Denise Roberti Camargo*
Revisão	*André Albert*

Dados Internacionais de Catalogação na Publicação (CIP)
(Câmara Brasileira do Livro, SP, Brasil)

Dior, Christian, 1905-1957.
Conferências escritas por Christian Dior para a Sorbonne, 1955-1957 / tradução Mariana Echalar. -- São Paulo : Martins Martins Fontes, 2011.

Título original: Conférences écrites par Christian Dior pour la Sorbonne, 1955-1957.

ISBN 978-85-8063-014-5

1. Moda - Estilo - França 2. Moda - França I. Título.

11-07344   CDD-746.920944

Índices para catálogo sistemático:
1. França : Estilistas de moda : Conferências 746.920944

Todos os direitos desta edição reservados à
Martins Editora Livraria Ltda.
Av. Dr. Arnaldo, 2076
01255-000 São Paulo SP Brasil
Tel. (11) 31160000
info@martinseditora.com.br
www.martinsmartinsfontes.com.br

Christian Dior

Conferências escritas por Christian Dior para a Sorbonne, 1955-1957

Tradução
Mariana Echalar

Martins Fontes

O editor agradece a Catherine Dior, Jean-Jacques Picart, Philippe Le Moult e Soizic Pfaff, do departamento de arquivos da Christian Dior Couture, assim como a Jean-Luc Dufresne e Barbara Jeauffroy, do museu Christian Dior, de Granville.

Nota da edição francesa

O texto que é objeto da primeira parte deste livro, inicialmente destinado a uma conferência que deveria realizar-se na Sorbonne em 5 de agosto de 1957, ano do falecimento de Christian Dior, é do manuscrito que se encontrava conservado e foi, em seguida, entregue ao museu Christian Dior, de Granville, por Jacques Rouët, presidente da Christian Dior desde a sua fundação, em 1946, até 1984.
Aparentemente, a conferência não se realizou, sem que tenha sido possível, até o momento, saber as razões do cancelamento. Nem a Sorbonne nem os arquivos pessoais de Dior permitiram, até hoje, determiná-las com certeza.

Dois anos antes, em 3 de agosto de 1955, Christian Dior fez uma conferência em que dialogava com Jacqueline de Menou, professora da disciplina de civilização francesa, no grande anfiteatro da Sorbonne, para mais de 4 mil estudantes, seguida de um desfile. Na segunda parte deste livro, apresentamos as passagens mais significativas dessa conferência, sem os diálogos, conservando apenas o que foi dito por Christian Dior, assim como as fotografias tiradas por Willy Maywald naquele mesmo dia.

Nesses textos, Christian Dior lembra o papel do costureiro, sua relação com a moda e com as tendências do momento, sua submissão aos caprichos e às clientes. Simples, lúcido e cheio de grande sensibilidade, este pequeno livro lança uma nova luz sobre uma das grandes encarnações da figura do costureiro.

Texto de 1957

Uma roupa – principalmente quando é bem trajada – é mais eloquente do que um costureiro. Minhas modelos farão uma demonstração daqui a pouco. Mas como tomei a decisão temerária de falar antes das minhas roupas, gostaria de tentar explicar em que se transformou a costura e, com ela, o costureiro. Pois, ao longo dos séculos, seu papel mudou muito.

Desde sempre, as mulheres tiveram a delicada preocupação de agradar, e o costureiro se esforçou em ajudá-las. Respeitando as regras gerais do vestuário da época, ele acrescentava esplendor ou singularidade a roupas que eram todas, exceto por pequenos detalhes, muito semelhantes. Sua arte estava mais para a ornamentação do que para a arquitetura.

A raridade do material utilizado, sua suntuosidade e novidade é que impressionavam a imaginação e provocavam, de passagem, murmúrios de admiração.

As damas da corte se esmeravam em seguir os gostos da rainha ou da favorita e, nas cartas que enviavam aos pais na província, frequentemente se queixavam das enormes despesas que o capricho dos grandes as obrigava a fazer. A rainha Maria Antonieta foi muito criticada por causa das toaletes que encomendava a Rose Bertin, sua costureira: sapatos batizados de *venez-y-voir* [venham ver], penteados denominados *poufs aux sentiments* [pufes com sentimentos], cintos chamados de *désespoir* [desespero]... Qualquer bobagem dessas custava uma fortuna. As mulheres contavam as saias, inventariavam as pérolas, admiravam-se da origem de certos tecidos, vindos de muito longe e, por isso mesmo, fora do alcance da maioria. A raridade era lei.

Isso valia para um pequeno número de privilegiados que viviam próximo do poder real e davam unanimemente à rainha, segundo as palavras da época, "o título mais cobiçado que há: o da mulher mais na moda". Distante, bem-comportada, informada com atraso pelas gazetas, a província se atinha ao bom-tom, não à moda.

Mas as grandes linhas do vestuário continuaram imutáveis durante anos. Elas deviam infinitamente mais às trocas de monarca ou de regime do que aos caprichos do costureiro. Foi com Worth que a moda começou a ser assinada. Mas ainda era principalmente a moda da imperatriz, ou melhor, do Segundo Império; e a crinolina durou tanto quanto Napoleão III. "A era Worth" foi "a era Eugênia".

Com o século XIX, o costureiro entrou na atualidade. Ele não era mais conhecido apenas por uns poucos iniciados, como eram Rose Bertin, em Versalhes, ou Leroy, nas Tulherias. Seu nome era comentado, ele se tornou uma personalidade. No entanto, ainda não era propriamente um criador. Fazendo um paralelo com o cinema, diríamos que um Paquin ou

Vestido "Cygne noir", outono–inverno de 1957-58.

um Doucet estavam mais próximos de um produtor de filmes do que de um diretor. Eles escolhiam entre as "gravurinhas" – esse é o termo com que designamos até hoje os croquis dos modelos – apresentadas por desenhistas profissionais, ligados ou não à *maison*, aquelas que agradavam, e mandavam executá-las em ateliês muito especializados.

Reconhecia-se a roupa de um grande costureiro pela riqueza do tecido, pelo acabamento da costura e pela originalidade cara dos ornamentos. Por baixo, se me permitem a ousadia, o corte perdia importância. Aliás, pouco variava de uma *maison* para outra, de um ano para outro.

Conjunto "Cortège", outono-inverno de 1957-58.

Paul Poiret apareceu e mudou tudo. Às toaletes trabalhadas como miniaturas, ele contrapôs modelos arrojados, tirados de cores surpreendentes e umas poucas tesouradas bem-sucedidas. Depois dele, Madeleine Vionnet, Jeanne Lanvin e Chanel consolidaram definitivamente a primazia do corte.

Foi uma revolução de grandes consequências, que nos levou precisamente aonde chegamos. Se um costureiro pode falar da sua profissão, hoje, é porque essa profissão passou de artesanato para criação artística. É porque ele assina suas roupas, tenta impor seu gosto. O material, outrora preponderante, curvou-se diante do estilo.

Essa transformação se explica em grande parte pelo desenvolvimento prodigioso dos meios de transporte e pelo progresso dos métodos de fabricação. A Caxemira, a Escócia e o Japão estão hoje a algumas horas de avião e não existe tecido – por mais suntuoso que seja – que não esteja à disposição de um grande número de pessoas. A época do tecido único, da roupa de único exemplar, ficou para trás. A partir do ponto em que a fazenda não pôde manter seu império sobre a moda, quem reinou foi *a linha*.

Seu triunfo foi marcado, indiscutivelmente, pelo surgimento brusco da cópia, uma das atuais pragas da nossa profissão. Como a raridade foi substituída pela novidade, as pessoas não se esforçavam mais para imitar os tecidos, mas as formas. Não era mais uma questão de ter a toalete mais suntuosa, mas a mais recente. Cercando-se de sigilo, adotando um ritmo sazonal mais acelerado, mais desconcertante que no passado, a moda – misteriosa e inesperada – voltou a ser, graças a sua dose de desconhecido, um dos últimos refúgios do maravilhoso.

Ela deve ser censurada por isso? Que críticas são feitas a ela?

Ouço com frequência as pessoas dizerem que a moda é extravagante e suas criações são nocivas. Essas, aparentemente, são as duas críticas principais. Eu poderia responder que a segunda anula a primeira. Melhor ainda, justifica a primeira. Mas acho sinceramente que convém analisar essas duas reclamações separadamente e sem falsos pudores.

Extravagante, dizem? Basta tentar impor uma moda contra a corrente para se convencer do contrário. Os olhos estão habituados a linhas e formas. Chega um momento em que, de tanto agradar, uma ou outra começa a enjoar. Mas é interessante notar que as modas mais bem-sucedidas são as que saem mais tarde de voga. Mudar de silhueta, para o costureiro, é uma questão delicada. Ele tem de separar o que "ainda agrada" daquilo que "não agrada mais" e do que "em breve agradará". A moda nova está aí, nessa encruzilhada do mapa da ternura, e em mais nenhuma outra parte.

Vestido "Sans souci", outono-inverno de 1957-58.

Se fosse assim, como vocês explicariam o fato de que os costureiros, todos criando em sigilo absoluto, tenham tantos pontos em comum a cada estação? Há uma mensagem da moda no ar. E se nos dermos o trabalho de procurar, ela aparece, se não como óbvia, ao menos como explícita.

Fútil? Não. Não existe mais futilidade na moda do que na poesia ou na música. Os séculos passam e, com eles, a moda ganha uma espécie de dignidade. Ela se torna testemunha de uma época. Nossos tempos são da imagem. Quando recordamos as épocas passadas, o que vemos primeiro: roupas, uma maneira de estar vestido. Então, neste século que se dedica a destruir um a um todos os seus segredos aterradores, existe ocupação mais louvável do que tentar criar um segredo agradável a cada seis meses? Ao contrário, não existe nisso uma forma de sabedoria?

Vestido "Venezuela", outono-inverno de 1957-58.

Reconheço que as roupas que criamos são acessíveis a poucos. Não se deve lamentar isso. A elite é necessária a uma sociedade. Além disso, a criação de alta-costura tem pelo menos duas justificativas essenciais. Em primeiro lugar, ela é um protótipo e, como tal, cara. Em segundo lugar, ela representa um tesouro do artesanato conscencioso, um triunfo da habilidade manual, uma forma de obra-prima. Representa centenas de horas de trabalho. É isso que lhe dá o seu valor intrínseco. Mas ela tem outro, inestimável. A criação de alta-costura é como a primeira framboesa ou o primeiro lírio-do-vale. Está à frente do seu tempo e é totalmente inédita. E é ela que, amanhã, pela maneira como será usada, fará a moda de Paris, a moda do mundo.

Do costureiro, ela ganha as butiques e depois as confecções. Dali, ela invade as vitrines e as ruas. Imprensa, rádio, cinema e televisão se encarregam de acelerar a trajetória. Em alguns meses, a grande migração da moda está feita. Então, cada mulher, conforme os seus meios, *se acomoda* ou, se preferirem, entra na moda.

Essas mulheres sentiriam o mesmo prazer ao adotar uma silhueta inédita se ela fosse imediatamente acessível? Não é justamente porque sonharam com ela que se sentem realizadas? Os costureiros têm um lindo papel a desempenhar. Eles são os únicos que possuem o dom de transfigurar, agora que a fada-madrinha da Cinderela se aposentou. E esse poder perderia grande parte do seu prestígio se a transfiguração não fosse precedida de pompa e expectativa. Roupas luxuosas, apresentações estrondosas, holofotes matam um pouco a sede de fausto que se esconde no fundo de todos os corações. Tivemos a prova disso, não faz muito tempo, quando a mais encantadora das soberanas veio nos visitar[1]. No nosso mundo particular de deslumbramentos, o costureiro ainda representa o papel do feiticeiro. Dizem que a sua magia – pelo menos a dos primeiros tempos – dificilmente é alcançável. Tanto melhor. Se as primeiras roupas não fossem objetos

---

1 Provavelmente Grace Kelly (1929-1982), atriz do cinema norte-americano que havia se casado no ano anterior com o príncipe Rainier III (1923-2005), de Mônaco. Dior era seu costureiro predileto. (N. E.)

preciosos e raros, seria tão triste quanto se os lilases fossem abundantes e as estreias de teatro se repetissem todos os dias. Mudar de moda não teria mais nenhum significado. Pior, seria tão enfadonho, tão sem graça como não mudar de moda nunca.

Essas criações, reveladas de repente no grande dia das apresentações, como nascem, como crescem? Sabemos apenas que em segredo. Em época de coleção, os costureiros penduram panos brancos por toda parte assim que aparece algum estranho. O que eles têm para esconder?

Algumas semanas antes, o costureiro prepara pessoalmente ou escolhe seus desenhos. Inúmeros, diversos, às vezes centenas. No entanto, todos têm entre si um certo ar de família. É claro, existem tantos caminhos de inspiração quantos costureiros. Mas engana-se quem imagina que é da compilação de documentos que surge uma nova silhueta. Na maioria das vezes, ela nasce de um acaso, de um encontro. De tanto desenhar, ele acaba vendo roupas

Casaco, outono-inverno de 1957-58.

em tudo onde não estão. Então, de repente, como um raio, o croqui se ilumina. É ele! Imaginem que estão esperando um amigo na saída de uma estação de trem. Os passageiros saem, anônimos, lentos, frustrantes, porque não são os rostos esperados. Então, de repente: é ele! O mesmo acontece com os croquis-chave: é impossível não reconhecê-los.

Depois que o costureiro consegue um, ele se apaixona. Esboça inúmeras variações sobre o tema. O traço fica mais seguro. Depois, no dia seguinte, ou naquela mesma noite, outra silhueta emerge da multidão, um segundo amigo faz um aceno que não deixa margem a dúvida. O costureiro abre os braços para ele. É com esses croquis, comparáveis a amigos reencontrados, que ele agora vai percorrer o caminho que leva à nova moda.

Conjunto "Madrid", outono-inverno de 1957-58.

Uma das singularidades deste ofício é decidir sempre fora da estação: uma coleção de inverno é elaborada na época dos lilases e das cerejas; uma coleção de verão, quando as árvores perdem as folhas ou caem os primeiros flocos de neve. Essa distância que nos separa da estação em que o modelo será usado – e que é imposta pelos prazos de execução e difusão – constitui, paradoxalmente, uma vantagem. Graças a ela, entra no nosso trabalho um elemento de nostalgia, um desejo de sol ou de névoa, conforme o caso, que estimula a inspiração.

Mas o que são esses croquis, essas gravurinhas? Pouca coisa, porque ainda é preciso "exprimi-las". "Exprimir", essa é a principal preocupação da execução.

Os croquis são distribuídos às costureiras-chefes em função das suas aptidões e também das suas preferências, porque só se exprime bem aquilo que se sente bem. Como uma seiva, a ideia criadora circula pela *maison*. Ela chega às aprendizes e às mãos inexperientes, e os dedos que percorrem a tela, os dedos que se espetam na agulha ou vacilam numa costura, esses dedos alinhavam a moda de amanhã. Depois de várias tentativas infrutíferas, o sentido geral se torna claro, o conjunto toma corpo, e são essas telas – roupas em germe – que o costureiro cobre com um lençol branco para esconder dos olhares indiscretos.

Para cada tela mantida, digna de "virar modelo", o costureiro designa um manequim e um tecido. Essas duas escolhas são delicadas: roupa e manequim devem estar em harmonia; quanto à forma e ao tecido, o casamento entre eles depende da costura. Sabemos de muitos maravilhosos, mas citamos apenas os infelizes.

Os modelos vão e vêm, incansavelmente, entre ateliês e estúdios. Estão inteiramente cobertos por essas teias de aranha que chamamos de "fio do sentido" e que, para o leigo, desfiguram completamente a roupa. O desfile dos modelos reserva algumas decepções. Formas satisfatórias na tela revelam antipatias inesperadas pelo tecido em que foram cortadas. Outras, à medida que se desenvolvem, parecem cada vez menos com o que se imaginou no princípio. Hesitações, entusiasmo, devoluções, desespero, exaltação se alternam, mas a coleção avança.

É o momento de escolher os acessórios, planejar a ordem do desfile e realizar, no próprio lugar onde a apresentação será feita, um último ensaio. Enfim, a noite antes do grande dia é de vigília. Esgotada, já sem saber ao certo se caminha para um sucesso ou um fracasso, a equipe, que durante semanas se entregou de corpo e alma à coleção, aguarda no dia seguinte o veredicto dos especialistas mais rigorosos e mais volúveis do mundo: *os especialistas da moda*.

Felizmente, como eu disse a vocês logo no início, o costureiro dispõe dos melhores advogados do mundo: suas modelos. Cada vez que se prepara para lhes passar a palavra – como estou fazendo agora –, ele espera que a eloquência delas lhe valha a indulgência do júri.

E sente-se muito feliz de ceder o lugar.

Conferência de 3 de agosto de 1955
(excertos)

Páginas duplas a seguir: Fotos tiradas na Sorbonne por Willy Maywald durante a conferência de 3 de agosto de 1955.

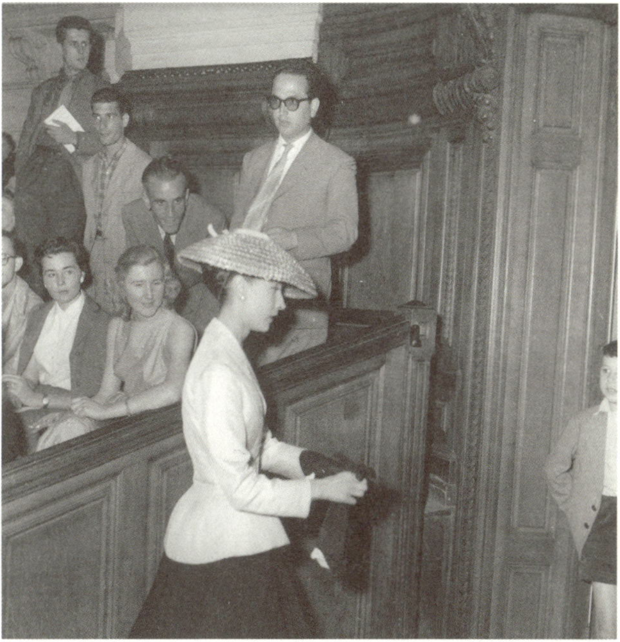

Uma frase em particular me marcou: "A moda é como um refúgio", disse Alain[2]. Que melhor estímulo poderíamos querer? As palavras "escândalo" e "vergonha", com que o filósofo qualifica a atitude daqueles e daquelas que se mantêm voluntariamente a distância da moda, eu diria que são um pouco duras. Todos conhecemos, por exemplo, algumas dessas senhoras idosas que, para protestar contra a passagem e as injúrias do tempo, conservam obstinadamente os adereços e o estilo das toaletes de sua juventude. Elas se colocam, assim, fora desse "refúgio" do qual falávamos; e mais do que escândalo e vergonha, é um sorriso e um sentimento de tristeza que provocam

---

2 Alcunha do jornalista e filósofo francês Émile Chartier (1868-1951). (N. E.)

em nós. Não posso dizer o mesmo desses pseudo-originais que querem afirmar a sua originalidade pela singularidade da roupa que usam e, na verdade, só afirmam a sua inadequação social.

Sobre o desenho de moda como ponto de partida

É, de fato, um ponto de partida, mas é, ao mesmo tempo, um ponto final, porque o desenho materializa a reflexão e representa de modo bastante preciso o que é imaginado. As roupas são imaginadas, ou melhor, não a roupa em si, mas a silhueta, as silhuetas que aparecem e se impõem cada vez mais à imaginação. Os croquis fixam o trabalho da mente, mas não como um desenho em escala, não como uma composição estática. Não, são silhuetas em movimento, uma tentativa de exprimir, pelo desenho, como será o traje vestido, isto é, têm sua utilidade, sua eficácia. E os croquis, traduzindo o que aparece na imaginação, facilitam a execução – é o que me dizem todas as chamadas "costureiras-chefes", que são quem faz as roupas –, porque há uma espécie de antecipação e, para que uma roupa dê certo, é necessário ter uma ideia de como ela será dentro do movimento da vida.

Sobre a importância da arquitetura

Eu queria ser arquiteto; sendo costureiro, sou obrigado a seguir as leis, os princípios da arquitetura. Um dos materiais sobre o qual vocês falaram agora há pouco e com o qual eu trabalho, o tecido, me leva o tempo todo de volta a ela. Não é bobagem falar de arquitetura de uma roupa. Uma roupa se constrói, e ela se constrói de acordo com o sentido do tecido, esse é o segredo da costura, e é um segredo que depende da primeira lei da arquitetura: respeitar a gravidade. O caimento de um tecido – e a linha, o equilíbrio da roupa são resultado desse caimento – depende do sentido do tecido. Ele não será o mesmo se o tecido for usado no "fio direito" ou "de viés", para usar os termos que empregamos todos os dias. O fio direito e o viés são os dois sentidos principais: o fio direito é o sentido clássico, e o viés pode ser considerado uma espécie de sentido "barroco". A maneira ou as maneiras como se utiliza o sentido do tecido, como se passa de um para o outro, é – repito – um dos segredos da nossa profissão. E é pelo corte que se leva o sentido escolhido para tal ou tal parte do corpo que se queira ou não destacar. É uma coisa corriqueira dizer que o corte é uma das operações mais importantes [na costura], mas é necessário insistir nisso para entender que é pelo corte, graças ao corte, que as roupas de hoje fogem da sobrecarga insípida das costuras e, com isso, se aproximam das vestes antigas, das quais possuem a aparente simplicidade.

Sobre a relação com a escultura

Acho que não podemos esquecer a escultura. A parte, por assim dizer, esculpida da execução atual de uma roupa é feita, antes de mais nada, num tipo de armação – se bem que a palavra "armação" não seja adequada a esse molde das formas do corpo feito num tecido de tela fino e sobre o qual as costureiras ajustam a roupa. A tela é realmente esculpida e guarda a lembrança das formas, graças àquilo que chamamos de "passada de ferro", graças ao trabalho do ferro de passar, que usamos do mesmo modo como o escultor usa as suas ferramentas.

[Sem esquecer] tudo o que serve de ornamento, como molduras, frontões, frisos de baixo e alto-relevo, são ornamentos para a arquitetura e não se desvinculam de seu monumento.

Sobre o ornamento

O desejo de enfeitar sem objeto não vem dos nossos dias: a gama infinitamente variada de ornamentos (botões, bordados, fitas, passamanarias) nos permite especificar o significado, o espírito que queremos dar à roupa. Antigamente, as pessoas esculpiam nas couraças, assim como bordavam nos gibões, elementos heráldicos: apesar de ter perdido o seu valor simbólico, o ornamento ainda é parte integrante da roupa, não é um acréscimo. E como a moda é feita apenas de contrastes, o ornamento contrasta pelo seu material, pelo seu caráter mais ou menos duradouro, com a roupa que ele completa. É por isso que botões frágeis fecham *tailleurs* de lã grossa, e bordados em alto-relevo, de fios de ouro, prata ou pérola, constelam materiais tão delicados quanto o tule.

Sobre as tendências da moda

Eu acho que cada costureiro, por seus meios próprios, capta mais ou menos as tendências gerais. Um romancista, um dramaturgo dão forma a ideias das quais se diz que estão mais ou menos "no ar". Não são propriamente ideias, mas proporções o que a moda fixa. A cada ano, a cada estação, existe uma proporção certa para o traje feminino, uma proporção que na próxima estação já vai ter saído de voga. Por quê? Porque, em virtude desse processo de imitação que caracteriza em essência a moda, essas proporções se banalizam, são tão comumente adotadas que geram tédio. E o tédio é o que destrona as modas e incita a eterna necessidade de renovação.

[Já com relação à maneira como essa renovação acontece], é muito difícil dizer, impossível até. Eu acho que não se deve analisar muito a fundo fenômenos de essência tão sutil, apenas tentar colocá-los em dia. O que é certo é que uma moda surge como reação à moda anterior. Segunda constatação: as modas, sucessivamente, alternadamente, exageram certas formas do corpo e, com isso, deslocam e renovam o foco, e o atrativo também. É curioso ver de que maneira, conforme a geração, por exemplo, o encanto vai para pontos diferentes, com constantes relativas em cada geração. Essas constantes são elas próprias determinadas por circunstâncias de ordem muito geral: guerra ou paz, alianças, correntes de produção, intercâmbios comerciais, descobertas, tanto quanto pelo pensamento e pela obra, se forem poderosos, de um ou outro artista ou escritor. Assim, a geração que tinha 18 ou 20 anos em 1946, e cujos elementos mais irrequietos se fixaram no entorno de Saint-Germain-des-Près... Enfim, por causa da guerra e graças a empréstimos mais ou menos benfeitos tomados do pensamento de escritores existencialistas, essa geração determinou na moda dos últimos anos uma dessas constantes relativas, que é a de se vestir de maneira jovem.

Sobre as variações da silhueta

Sim, é um jogo que parece variar ao infinito, mas, apesar disso, num registro limitado: o corpo da mulher, a nota única com a qual o costureiro pode compor mil variações, assim como o músico, que só tem as sete notas da escala à sua disposição.

Sobre os nomes das roupas

Não se deve exagerar a importância dos nomes. É claro que pode haver uma correspondência entre a roupa e o nome que ela recebe. Estou me referindo a um traje de festa de veludo vermelho que batizamos, em 1949, de "Christian Bérard", porque o nosso amigo tinha gostado, se não me engano, da cor e da forma dele. Mas esses batismos nem sempre são fruto de uma reflexão orientada. Seguimos o tema adotado para a coleção (música, teatro, vida literária, por exemplo) e buscamos nomes que tenham relação com ele. Mas as roupas recebem primeiro um número; e é só para diferenciá-las, quando ganham vida, à medida que a execução progride, que damos nomes a elas.

Sobre a adaptação da alta-costura às imposições modernas

Quimérico, quem pode dizer? Inoportuno, não. Nossa palavra de ordem é manter: manter tradições de qualidade, tradições que, sem dúvida, nem sempre correspondem ao estado atual do mundo, aos recursos de que cada um dispõe, mas mantê-las, apesar de tudo, procurar um lugar para elas, integrá-las na teia das técnicas modernas. Por que fazer isso? Para transmitir essa tradição às gerações seguintes; porque devemos reservar o futuro, porque não sabemos se daqui a vinte anos, trinta anos, cinquenta anos, graças a uma corrente finalmente instituída de distribuição de riquezas, graças a uma época de paz depois da Guerra Fria, não se inaugurará um período de luxo e requinte. Nós nos recusamos a admitir um declínio. Somos otimistas, quiméricos, utópicos? Talvez. Estamos felizes de sermos assim. O filósofo de vocês não disse que a frivolidade é necessária e que "a moda é como um refúgio"?

1ª edição julho de 2011
Diagramação Júlia Tomie Yoshino/Luargraf | **Fonte** Bembo
Papel Chamois Bulk 90 g | **Impressão e acabamento** Corprint